PRINCIPIOS BÁSICOS ESCONDIDOS DEL ÉXITO FINANCIERO

Loredo Ramirez, Mauricio

Principios escondidos del éxito financiero
Mauricio Loredo Ramirez. - 1a ed .
144 p. ; 21 x 14 cm.

ISBN 978-987-778-125-0

1. Crecimiento Espiritual. I. Título.

CDD 158.1

ÍNDICE

Principios básicos escondidos del éxito financiero

Prólogo

Vivimos en un mundo de muchos mensajes, algunos evidentes, otros solapados, otros confusos pero lo evidente es que los apuros, las conquistas personales, los mensajes de superación personal y de alcanzar logros nos sobrealimentan, nos invaden ya que las personas de este planeta casi siempre quieren, desean y anhelan lo que nos parecen -a casi todos- formas correctas de pensar.

Es indudable que también permean a la sociedad muchas otras características del hombre: tales como el egoísmo, la envidia, la avaricia, la violencia.

Sin embargo en esta propuesta escrita es intención del autor internarse en profundidad en las primeras tres acciones que se enumeran:

- **Querer**
- **Desear**
- **Anhelar**

¿Por qué no es posible para todos?

¿Por qué solo algunos llegan a la meta?

¿Solo lo ricos pueden o le está reservados solo a ellos los estrados altos de la sociedad y el reconocimiento?

¿Solo en tal o cual país se puede alcanzar tal logro?

Trataré -como autor- responder algunas de estas preguntas. No lo haré solo de mi intelecto sino que citaré principios bíblicos que más que ayudas serán los ejes principales donde fijaré las

Mis notas

bases para una comprensión mucho mayor de lo que queremos, deseamos o anhelamos a lo largo del recorrido de nuestras existencias.

En nuestra actualidad, consideramos que una persona exitosa y respetable es aquella que goza de mucho poder adquisitivo, tiene buenas cuentas bancarias -si es en paraísos fiscales mucho mejor-, se da muchos lujos, dueña de grandes extensiones de tierra, tienen vestidores repletos de ropas buenas y extravagantes de marcas exitosas, y una opulencia sin precedentes. Tal vez este es el concepto actual que tenemos.

Esa es la dinámica que se fue filtrando en muchos estratos sociales pero que la mayoría de ellos jamás podrán ser vistos -aún de lejos- por personas normales que transitan por calles normales y que poseen trabajos normales y rutinarios en los cuales se ocupan todos los días.

Este libro no trata que la riqueza es la fuente asegurada para la alegría. Pero sé que a través de la lectura de sus páginas, en la mente se producirá una verdadera revolución porque la mirada que se proyectará será diferente y especial al mundo que lo rodea, provocando que ese mismo mundo esté más feliz de que usted exista y viva.

Hay principios escondidos, pero deben hallarse. No pueden seguir ocultos porque ese estado solo trae frustraciones y dolores a quien no los descubra.

Ciertamente no podrá desecharlos durante su vida desde el momento que usted comience a conocerlos. Al entenderlos y poner en práctica estos conceptos fundamentales para la vida diaria podrá contribuir a cambiar el rumbo de muchas personas que están a su alrededor, que transitan y viven un mundo que ellos mismos se han formado, pero que indudablemente es una deformación del plan del cielo para todos los hombres.

Pero la gran pregunta flota como una extraordinaria nube en las alturas.

¿Dónde está Dios en estas líneas?

No puede haber verdadero

Mis notas

éxito financiero sin que el Dueño de todo no lo autorice.

Muchas personas tienen buenos trabajos, disfrutan de buena salud, tienen muchas posesiones, pero a pesar de todos sus grandes logros,... están enfermos, ¿pero... enfermos de que extraño mal?

Intentaré ayudar a descubrir aquello que está oculto pero que son los Principios Básicos del Éxito Financiero para tu vida y que indudablemente afectarán -para bien- a todo tu entorno.

Doctor Mauricio Loredo

Mis notas

____

____

____

____

____

____

Mis notas

Orden

Necesitamos establecer las bases para analizar los principios financieros o mejor expresado: las razones del éxito o el fracaso. Al dar nuestro primer gran paso es necesario describir el término "QUIERO/QUERER", porque tiene que ver con lo personal, denota algo propio, exclusivo, no tiene que ver con lo que le acontece a mi vecino o a mi compañero/a.

Así, lo que "Quiero" es lo que pienso, imagino o siento que me

Mis notas

ayudará a alcanzar la meta que persigo en lo personal. Tiene que ver conmigo y tiene que ver con mi necesidad por las cosas que haré o alcanzaré.

Tal vez aquí parecería que para poder querer algo en la vida necesitamos tomar en cuenta ciertos principios, seguirlos, tomarlos como norma para no apartarnos de ellos cuando las circunstancias parezcan contrarias a mis metas o mi entorno quiera forzarme de alguna manera a cambiar lo que sentía como el "QUIERO/QUERER" que me había trazado como objetivo. Describo a algunos de ellos:

• ORDEN

Pero alguien podrá decir: ¿ORDEN?... ¡¡No!! Para tener dinero no quiero tener orden, no hace falta ser ordenado para alcanzar las metas: parecería entonces que el orden podría quedar subordinado al dinero. Pero nunca es así.

Presta atención a esta pequeña historia, que por insignificante que parezca será muy importante para entender el primer principio.

Juan estaba en la nueva oficina que le habían dado para poder poner los expedientes de los contribuyentes de esa nueva área del sistema de aguas. Juan siempre parecía más apurado que otros, siempre quería ahorrar tiempo, era tenaz a la hora de ver las manecillas del reloj; siempre le parecían que giraban más veloces de lo que el mismo hacía en su trabajo.

Así que, Juan por economizar minutos, solo escribía los nombres de las personas con su expediente. Nunca hacía un esfuerzo extra, como escribirle a esas carpetas algunas letras más o iniciales que le ayudaran a su "ORDEN". Nunca se preocupó por ordenar dichos expedientes por orden alfabético. Nada era obstáculo para que su "QUERER" se haga rápido y pronto, como solía repetir toda vez que podía.

Juan era el primero en marcar salida de su trabajo, sabía que su casa y su familia lo esperaban, quería llegar temprano, lo más temprano posible. Siempre miraba satisfecho, casi con una sonrisa burlona, como sus otros compañeros, seguían acomodando expedientes. Al final de cada

Mis notas

jornada, Juan, feliz, no perdía de vista el reloj, sabía que había ganado preciosos minutos. Juan miraba que cada día se iba hasta temprano a su casa pues terminaba su trabajo antes. La rutinaria carrera la ganaba todos los días,... así se escuchaban, entre labios, los comentarios de sus "lentos compañeros".

`El tiempo ha venido,
ha llegado el día...*
Ezequiel 7:12 (B.de las A)

Dos meses después, llegó la primera persona para sacar su expediente y llevarlo a otra dependencia de la institución.

Ahora Juan tenía un gran problema.

Todo el tiempo que se había ahorrado y le permitía irse temprano a su casa, ahora era demandado. Las personas esperaban sus expedientes. Juan pasaba horas y horas buscando expedientes. Su paciencia a veces se iba y venía. Las personas también iban y venían. Regresaban una y otra vez. Juan, para aplacar a los más nerviosos, les

Mis notas

____

____

____

____

____

____

____

decía que regresen en dos días, pero esas 48 horas, se fueron extendiendo. Juan se ahogaba entre tanto papeleo.

Su escritorio desbordaba de carpetas y expedientes que aparecían y desaparecían. Los dos días se hicieron tres, los tres, cuatro y al final con una semana de búsquedas, nada aparecía, nada que encontraba lo hacía a tiempo, miraba una y otra vez las manecillas del gran reloj de la oficina, parecían sonreírle.

-Hasta mañana Juan- dijo un compañero.

-Hasta mañana Juan- saludó otro, casi como burla.

Juan se sintió humillado... "su ORDEN", lo había traicionado.

Al final, Juan solo era el desorganizado, el desordenado, el ineficiente...

Pocos días después, su escritorio era un caos total. Los expedientes cayeron al piso mientras él, tembloroso, al ver venir a su jefe, ensayó alguna explicación a modo de excusa. Triste fue el momento que la institución prescindió de sus servicios. De nada habían valido los minutos "ganados".

Días más tarde, llegó Isabel. Ella estableció también estableció "su ORDEN". Tomó parte de su tiempo libre y con un ayudante que solicitó pudo ordenar todos los expedientes con letras y números de las distintas zonas donde vivían las personas. Todo cambió. La eficiencia y el orden eran difíciles de creer al recordar el caos que imperaba en aquella oficina poco tiempo atrás. Ahora no hacían falta más de 4 minutos y el expediente estaba listo, ordenado, perfecto.

Este principio queda más que claro entre Juan e Isabel: dos formas de trabajar diferentes. La primera parecía más simple, rápida, evitaba demasiados esfuerzos, los minutos se ganaban, Juan regresaba contento y feliz porque nadie demandaba nada de los expedientes. Pero, a medida que pasaba el tiempo, la tormenta de las exigencias vinieron sobre todo aquel tiempo "ganado", se fue a pique, naufragó como un viejo barco en medio de una tormenta.

Mis notas

____

____

____

____

____

____

____

Entonces vemos muy claro que el **ORDEN u organización de las cosas son principio fundamental para sus finanzas.**

Cierto día llegó a un banco un joven con un fajo de billetes que estaban arrugados, y en desorden. El cajero al ver aquella gran cantidad de billetes frunció su ceño y quedó observando al cuentahabiente. Los demás que estaban en la fila observaban con detenimiento aquel cuadro y como solo había un cajero atendiendo entonces se cruzaron de brazos y sus rostros cambiaron de gesto, ya que el estar cerca de la ventanilla, no les garantizaba que les llegaría pronto el turno, después observaron que se quitó su bota y comenzó a sacar más billetes y ya no había más que decir, el cajero aún más sorprendido comenzó a contar los billetes.

Este principio del orden en verdad es tan importante pues facilita la vida a los demás cuando nos proponemos a ser ordenados u organizados, esto en verdad es un principio que si lo aplicas a tu vida habrás encontrado el primer principio Básico escondido de las finanzas. Recuerda, las finanzas

Mis notas

las he definido como "fin a las ansias".

Dirás, pero… con este principio no me haré millonario…¡¡Claro que no!!. En verdad te digo que en estas páginas no estarás viendo billetes ni monedas de oro, ni como ser un feliz millonario en 48 horas y un ratito. Pero si aprenderás principios que te llevarán sobre esas cosas visuales que todos llaman riqueza, pues la verdadera riqueza está en los principios que se ponen en práctica.

Este primer principio está basado en el libro de Génesis, cuando se vislumbraban los primeros días de este mundo.

Y la tierra estaba desordenada y vacía….

Génesis 1:2

Pero Dios la fue ordenando, cada día, cada elemento no solo fue tomando vida sino que fue tomando ORDEN.

Dios estableció "su ORDEN", y ese principio sigue vigente. Cuando el hombre ha tratado de

Mis notas

____

____

____

____

____

____

____

____

alterarlo, ha venido el caos y el desorden.

*Y vio Dios que
era bueno...*

... un texto que se repite, se magnifica en cada día de esa primera semana de la creación. Porque el ORDEN de Dios era -y sigue- siendo perfecto.

Es el cimiento de su obra.

No se puede alterar sin sufrir las consecuencias.

De manera que usted no va a ningún lado si no hay orden en su vida.

- ORDEN
en su apariencia general.

- ORDEN
en lo que usted piensa.

- ORDEN
en lo que hace.

- ORDEN
en lo que planifica.

Mis notas

____

____

____

____

____

____

- **ORDEN**
  en las prioridades.

¿Por qué orden?

Porque es la naturaleza de la cadena de mando que tendrá que hacerse partícipe una vez que usted comience con este primer principio.

Organización y orden: algunos lo ven diferente, pero son semejantes, una acción depende de la otra.

Establezca ORDEN EN SU VIDA. Hágalo un verdadero imperativo en su vida.

No como una forma de disciplina solamente sino como una verdadera virtud que rodeará y permeará hacia su ser, tanto en lo físico, espiritual y mental.

Este principio le ayudará a no perder el equilibrio, no vivirá en los desbordes del desorden, se mantendrá fuera de muchos problemas.

Los "expedientes" podrán ser encontrados rápidamente.

Mis notas

Su oficina, su casa, sus cajones, su corazón, su propia vida, no sufrirán los embates de las tormentas ni los apuros de las urgencias.

____

____

____

____

____

____

____

Mis notas

2.

Limpieza

Este principio, en una lectura rápida, puede parecerse al orden. Pero al no ser lo mismo, quisiera darte un ejemplo para destacar las distancias entre ambas palabras.

Francisco estaba haciendo unos estantes ese día martes, pues tenía sus libros completamente abandonados y desparramados en el piso de su dormitorio. Juntó fuerzas, y como un carpintero experto decidió poner estantes. Mucho espacio no tenía,

Mis notas

así que imaginó donde y como preparar una biblioteca que sea agradable. Al final después de pensar bastante, decidió que en la pared, cerca de su cama sería el lugar más apropiado. Pintó los anaqueles de buenos colores, los más claros irían más bajos y los más oscuros más arriba.

Estaba muy satisfecho con el orden que había puesto ya que ahora no necesitaba estar de aquí para allá buscando tal o cual libro. Hasta hizo un buen espacio para distintos apuntes que recurría de vez en cuando para consultas o para despejar dudas que se le planteaban.

Pasaron algunos días, y Francisco se sentía muy feliz con sus libros, por fin había orden, pero no tardaron en aparecer algunas extrañas visitantes entre sus amados y ordenados libros. Las telarañas comenzaron a dejarse ver, también un poco de polvo que entraba vaya a saber por qué hendidura de la ventana. Así que no dudó, había que limpiar, la limpieza no podía demorarse. El no dudó, buscó los elementos de limpieza, los estantes de colores y los libros tenían que verse otra vez: ordenados y limpios.

Francisco nos mostró que el orden y la limpieza puede parecer que van de la mano, pero no son lo mismo ni tampoco van en la misma línea. Primero el orden, luego la limpieza. ¿Ahora lo ves con más claridad? El orden es diferente a la limpieza pero la limpieza debe seguir al orden. Nunca limpies lo que está desordenado porque será una pérdida de tiempo que nadie podrá apreciar.

Es indudable que casi siempre el principio de la limpieza es exigido a otros, hasta, a veces, lo reclamamos sin embargo debería ser prioritario en nuestra vidas para así ser parte de nuestro código de conducta diaria.

Recuerda: Será más fácil para los demás colaborar, porque al observar alguna basura sobre una superficie muy ordenada o en el piso o sobre un mueble, no dudarán en limpiar. Pues el primer principio casi siempre obliga a los demás a sus propias iniciativas, a ponerse a tono con lo que ven.

Así, cuando alguien se da a la

Mis notas

tarea de limpiar sobre lo ordenado, siempre estará transmitiendo un buen consejo a otros, no habrá necesidad de emitir palabras, pues estará evitando que la suciedad invada el orden. Pero si nadie hace algo por lo que está viendo, pronto las buenas intenciones de algunos caerán en el olvido y aquello ordenado y pulcro, se irá desvaneciendo para caer inevitablemente en el deplorable estado de desorden.

De rápido vistazo, ¿A que le falta limpieza en tu casa? ¿En tu oficina?¿En tu aula o en tu propia vida?

Verás, la suciedad hace que todos vean o volteen su rostro hacia otro lugar evitando así ver aquel mal.

Es lo mismo en nuestras vidas, cuando hemos decidido ser ordenados en nuestras cosas, papeles, y trabajos entonces veremos cómo otros admirarán eso qué hacemos o estamos haciendo, podrán observar que eso genera resultados. Es verdad que todos admiran a una persona que practica la limpieza.

Mis notas

Nuestra vida debería tener el enfoque vital de la necesidad de la limpieza. Una vida limpia es referencia, modelo de confianza. Una verdadera fuente de transparencia que muchos pueden ver. La vida limpia no tiene egoísmo, se brindará totalmente en favor del semejante.

El salmista señalaba:

*Crea en mí, oh Dios,
un corazón limpio,
y renueva un espíritu
recto dentro de mí.*
Salmos 51:10

Doña Juana se encontraba en su negocio de bananos y plátanos verdes y maduros. Era un pequeño local de 5 x 5 metros cuadrados. Ver ese local lleno de bananos y plátanos maduros podía llevar a pensar que todas las personas que por allí pasaban no seguirían caminando, se detendrían a comprar.

Pero ella siempre que abría su boca era para quejarse, nunca había días buenos para ella, nunca era día de fiesta en su negocio, solo había palabras de enojo, de frustración, sus ventas eran cada

Una vida limpia es referencia

Mis notas

____
____
____
____
____
____

días más baja, el declive de los ingresos siempre estaban en una peligrosa pendiente negativa, la baja era una constante.

-¿Cuánto hace que vende plátanos?

-Diez años… en este mismo lugar, me contestó con algo de cortesía que todavía conservaba pese al mal humor por la baja de los ingresos.

No dijo mucho más, era suficiente para ella, también lo fue para mí.

Caminé unos pasos más, aquel mercado se veía atiborrado de posibles compradores que entraban y salían de los distintos comercios. Todo era como un gran carrusel multicolor que no cesaba de darme información a cada momento. Luego hablé con Doña Joaquina, ella también era dueña de un local que vendía lo mismo que Doña Juana, las medidas de los locales eran prácticamente las mismas, todo eran bastante parecido, pero varias cosas impactaban de este nuevo sitio.

Aquel lugar estaba pintado de colores. Había dibujos alusivos a sus productos, había orden y sobre todo una esmerada limpieza, un verdadero contraste con su vecina, que seguía secando su frente, con la misma toallita vieja y sucia de todos los días.

Ver los plátanos y bananos ordenados allí. Sin polvo, porque ella humedecía a cada una de las frutas, hasta parecía que las acariciaba una vez más, para acomodarlas más prolijas todavía.

- Doña Joaquina, ¿con qué limpia usted sus frutas?...ya que se las ve increíblemente diferentes a todas las del gran mercado.

-Verá usted…Tengo una especie de pañuelo grande, bien limpio, siempre bien empapado en vinagre.

No dejé de sorprenderme… pero…

Pero… usted invierte más dinero en la limpieza que todos los demás de aquí.

-¿Por qué lo hace? Al gastar más que todos los otros? ¿No bajarán más sus ingresos?

Ella con una sonrisa franca y abundante en sus labios me contestó. Tal vez sin saber mucho de otras ciencias, ni haber estudiado mucho en alguna academia, trazó en pocas palabras una definición muy apropiada para estos dos principios:

-¡¡El orden y la limpieza, bendicen!!

Y agregó convencida de lo que decía: -yo no podría venir a vender en medio de un desorden y suciedad. No solo que sería un desprestigio sino que sería una grave falta de respeto para con mis muchos y habituales clientes.

Nosotros estábamos sorprendidos con su sencilla respuesta que nos hizo replantear algunas cosas, pues el hecho de estar en un mercado municipal, no hacía en ella que viera superficial esos principios. Es importante recordar apreciado lectores que ese lugar de venta era el más visitado, pues era aquel que se veía colorido desde la entrada pero que resaltaban dos principios sobre todo el entorno: orden u organización y limpieza.

Muchos podrían pensar que allí eran más elevados los precios, pero no era así. Sorprendía

Mis notas

al enterarse que Doña Joaquina aplicaba un principio más, pero ese será tema en otras páginas más adelante.

Ahora tratemos de analizar los ejemplos un poco más completos y desde puntos de vista un poco más complejos que antes:

Marketing es un concepto inglés, traducido al castellano como mercadeo o mercadotecnia. Se trata de la disciplina dedicada al análisis del comportamiento de los mercados y de los consumidores. El marketing analiza la gestión comercial de las empresas con el objetivo de captar, retener y fidelizar a los clientes a través de la satisfacción de sus necesidades.

Lo anterior es la definición de la palabra pero el inicio de la acción se centra en un sentido especial para todos: ¡La vista!

Para explicar sencillamente este sentido es necesario explicar que posee unas células receptoras de la visión a colores, llamados conos y otras células llamadas bastones que posibilitan la visión en blanco y negro.

Mis notas

____

____

____

____

____

____

¿Por qué dos tipos de células? Esa es una buena pregunta:

Como en todo lo que Dios creó, hay orden y función en cada una de las células que componen y hacen al funcionamiento de todo el ser humano. Las primeras -conos- son para los colores que nos da el día y los bastones para poder ver por la noche o sea la visión en blanco y negro.

Ahora veamos: El día y la noche tienen un orden. Dependiendo del lugar de la tierra que estemos, dura 12 horas aproximadamente cada uno de esos períodos y si por un momento se le retiraran los bastones a los ojos, entonces tendríamos problemas para poder ver por la noche en la oscuridad. Solo veríamos en el día. De noche viviríamos de tropiezo en tropiezo, sin excepción.

La noche es para dormir, ese es un principio de orden por lo tanto no debemos exponer tantos "nuestros bastones" porque disminuiríamos con el tiempo nuestra capacidad visual.

Permíteme recordarte: el día fue hecho primero y luego la noche. La una es para trabajar y la

otra para descansar. El principio
del orden lo vemos implícito en el
texto bíblico que trascribo:

*Y vio Dios que la luz
era buena;
y separó Dios la luz
de las tinieblas.
Y llamó Dios a la luz
Día, y a las tinieblas
llamó Noche.*

Génesis 1:4-5

Siempre debería ser la luz la
que lleve la preeminencia, pues
en ella podremos avanzar en la
vida con menos dificultades y
con mejores recursos y menos
peligros. En la noche, cualquier
trabajo es más gravoso y es más
arriesgado.

Jesús dijo:
*Yo soy la luz del mundo;
el que me sigue,
no andará en tinieblas.*
Juan 8:12

O sea que al estar o vivir en el
mundo, podemos asegurar, sin
temor a equivocarnos, que tiene

Mis notas

____

____

____

____

____

____

____

____

luz por mandato divino, no puede opacarlo ni aún la actitud más vergonzosa del hombre.

Dios nos dejó esa lumbrera mayor llamado sol y la lumbrera menor llamada luna, no solo para alumbrar o para marcar las diferencias entre días y noches sino para:

*separar la luz de
las tinieblas. (Gen 1:17)*

Ambos tiempos son necesarios, tanto la luz como la oscuridad, por curioso que parezca, ambos se complementan, y si vemos la importancia asignada porque tienen que ver decididamente con la actividad con el descanso, uno le sucede a otro. Tal vez hemos "espiritualizados" algunos conceptos y "emparentamos" muy livianamente la luz y las tinieblas como conceptos atribuidos al estado del hombre. Pero si detenemos esos pensamientos y le damos un poco más de objetividad, veremos que en esos estados -luz/oscuridad- también se refleja la oportunidad, el orden y la organización que hay en el corazón de Dios.

Mis notas

Doña Joaquina no era una experta en mercadeo, sus conocimientos no iban mucho más lejos de las paredes de su pequeño negocio, pero enseñó la importancia de cómo son atraídas las personas, esencialmente por los ojos, que los cautiva, parece un razonamiento demasiado sencillo, lo es, pero no por eso dejaba de fascinar a cuantos hombres o mujeres pasaban por allí.

¿Eran mejores los frutos resplandecientes que los de su vecina, Doña Juana? Posiblemente no, pero su aspecto exterior hacia la diferencia.

La vendedora del Mercado, quizás con su simple paño embebido en vinagre no se daba cuenta los altos estándares que enseñaba. Estaban en su vida. Algo iluminaba aquel lugar. El orden acompañado de limpieza eran verdadera luz en aquel bullicio, las ventas siempre iban en aumento. El buen trato completaba "la oferta". En doloroso contraste, Doña Juana seguía con su rezongos y preguntándose las razones del éxito de su feliz y próspera vecina.

Mis notas

Mis notas

3.

El buen trato

Pilares de atracción primaria

Los productos llaman la atención de las personas. Vimos dos poderosos principios: Orden y Limpieza. Podríamos señalar que son el "génesis" de lo que sucederá en cuanto a la relación cliente/producto/requerimiento. Estos dos principios son los pilares de atracción primaria. Todavía el cliente no evaluó el producto, solo percibió alguna cualidad partiendo del sentido de la vista, aunque es justo reconocer que el entorno, los olores o cierta disposición de los productos ya "afec-

Mis notas

taron" para bien, algunos otros sentidos.

Recuerde: debe organizar y ordenar sus pensamientos o ideas para poder llevar a cabo cualquier proyecto que desee hacer.

Damos por descontado que ya tiene en marcha su proyecto. Usted habrá analizado perspectivas, lugar donde desarrollarlo, entorno, ubicación de los productos, provisión de los mismos, arreglos económicos. Todo o casi todo ya pasó el "filtro" de la razón. Usted está convencido de que vale el esfuerzo para llevar adelante su proyecto, que por cierto va dejando de serlo para convertirse en grata realidad. Ahora necesita algo más, un tercer principio: EL BUEN TRATO. Si no está presente, este principio, puedo asegurarle que **usted mismo será su propia víctima a la hora del próximo balance.**

En las sociedades modernas es un principio que poco a poco se va tornando más escaso, porque tal vez no se lo cultiva lo suficiente en el primer lugar que vivimos. Este principio comienza desde el hogar. Diría que es una

Mis notas

constante en la formación de los individuos y de las sociedades que estos componen.

Les daré una pequeña historia a modo de ejemplo:

Federico creció con su tía Alina y ella era muy estricta, sus palabras soeces siempre estaban en los oídos de Federico. En aquella casa parecía no haber lugar ni para los "Buenos Días", ni para los "Gracias", menos aún para "El por favor". Todo era grito, tironeo, malas palabras, los buenos gestos no se veían, siempre la mejor respuesta que se escuchaba ¡"Buenooo"!, a lo que invariablemente le seguía algún gesto con los hombros o algo parecido que no pocas veces daba lugar a contiendas todavía mayores.

Federico no escapó a esas influencias tan nefastas, eran parte de su vida. El mal trato no era la excepción sino que era la regla. Creció con ese mismo patrón con el que a diario bombardeaban su cabeza. No era solo un problema sino que era parte de él.

Así comenzaba cada día. Cuando llegaba al lavadero de autos,

Mis notas

soltaba todo el tiempo palabras soeces, ordinarias. Cada vez que atendía a las personas las palabras groseras brotaban como una fuente envenenada. No tenía empacho en decirle a los dueños de los vehículos que era unos verdaderos cochinos, que no podían traer sus autos en tales condiciones, que en aquel lugar se lavaban carros presentables, que no era un lugar de puercos.

Federico siempre se quejaba. Y cuando limpiaba el interior de los autos…el fastidio era tan evidente que no se podía evitar escuchar toda clase de rezongos y otras vergüenzas lingüísticas.

Al final todos los clientes evitaban darle su auto a él, prácticamente solo los clientes nuevos venían con él ya que no sabían de su forma de atención ni el trato por demás despectivo que tenía para con todos.

Federico en verdad era una víctima de su formación, estaba en su diario vivir el maltrato, hasta podría decirse que era su naturaleza. No luchaba contra eso, ni se planteaba un cambio. Pero llegó un día que Federico fue despe-

Mis notas

dido, mascando rabias e insultos bajó su cabeza, tomó su bolso raído al tiempo que dio un gran puntapié al balde de agua que se interpuso en su camino y casi lo hace trastabillar. Se fue solo, el mal trato había cobrado otra víctima.

Todos, todos, todos en la vida queremos que nos traten bien donde quiera que vamos. Tal vez NO lo exigimos pero lo anhelamos.

El principio del "BUEN TRATO", NO ES ALGO MÁS O PARTE DE ALGO, es decididamente FUNDAMENTAL a la hora de las relaciones interpersonales de los individuos, en cualquier ámbito que estos desarrollen sus actividades.

En otro ámbito muy diferente al de Federico, también los médicos se ven muy a menudo llenos de éxitos o fracasos por poner en práctica o no, este principio. El buen trato es un esfuerzo necesario para muchos pero para otros es simplemente un estilo de vida.

De un modo u otro, el buen

Mis notas

____

____

____

____

____

____

____

trato no debería depender de las personas, ni del estado de ánimo de estas o el entorno donde desarrollan sus labores. Aunque es real que los entornos muchas veces predisponen a ciertos estados anímicos. El buen trato debería ser exigido en toda empresa. Puede parecer un requisito relativo, pero no lo es. El buen trato de los empleados, aumentará las visitas, las consultas, las ventas. Sencillamente porque todos anhelamos recibir el buen trato.

Muchos nos preguntamos porque en las instituciones públicas y/o estatales, este principio es constantemente violado. Parece que a nadie le importara el otro. El buen o mal trato no es lo mismo, pero pareciera que en las reparticiones estatales casi siempre la balanza se inclina hacia la hosquedad, la antipatía y la sequedad en el trato.

Hay hombres cuyas palabras son como golpes de espada.

Proverbios 12:18

Pero… ¿Por qué? ¿Cuál es la

Mis notas

verdadera razón de la desidia y los silencios o el mal trato en estos lugares?

Bueno, en verdad las oficinas públicas o estatales no ven al otro como "un par", "un prójimo, tal vez ni lo ven como cliente o consumidor o paciente sino solo como una carga que quita, un fastidio, uno que hace perder tiempo. Nunca o casi nunca se aplica el hecho y la realidad que el que llega es un contribuyente, que con sus aportes es el que mantiene "en marcha" gran parte del sistema.

Más triste aún es cuando el mal trato se da en hospitales públicos, porque el que llega, llega más indefenso aún, en realidad es un "padeciente". No elige llegar a una clínica. Llega porque su condición se lo demanda. **Necesita más que nadie del buen trato, lo merece,** no por ser tal o cual persona sino porque es humano, es próximo y prójimo a ese administrativo, ese médico o esa enfermera que lo tratan sin cortesía.

Es justo también reconocer que en muchos hospitales el per-

Mis notas

sonal está desbordado muchas veces, pero sigue dando todo de sí, y más aún, se han convertido en expertos en el consuelo atendiendo mucho más de lo que alcanzan. A ellos el mal trato no se les atribuye. Todo lo contrario.

El hombre será saciado de bien del fruto de su boca.

Proverbios 14

Todos nos merecemos el buen trato, es independiente del sitio donde estemos pero todo es por los esquemas mentales arraigados que padecemos. No nos han enseñado a mejorar en este punto, porque casi todos venimos con deficiencias de este principio. Nadie nos obligó al buen trato, no lo aprendimos pero sin dudas sigue siendo materia pendiente en muchos de nosotros.

El mal trato es, lamentablemente, visible en todos los niveles de nuestra sociedad.

Es razonable pensar que se da mayormente por una falta de capacitación, la poca inversión, los apuros, la soberbia y la violencia

Mis notas

____

____

____

____

____

____

de muchos parece tan enraizada amargamente que daña el buen servicio al cliente, al semejante, o al que se presente con una necesidad. Conscientes o inconscientes vamos padeciendo este flagelo, lo triste es que muchas veces nos vamos resignando, acostumbrando, como si esta verdadera plaga no nos produciría el dolor y la incertidumbre de ver cómo somos y son maltratados muchas veces las personas que nos rodean.

Veamos un ejemplo:

Héctor estaba en la ventanilla de aquel hospital público y llega una señora de la tercera edad buscando una cita.

Héctor, quien estaba cómodo en su silla, encerrado y disfrutando con el aire acondicionado y la señora afuera, sin aire, y con el sol que le daba en la frente, lo que hacía que el sudor le inunde las sienes.

Héctor con desgano, rascándose la barba desprolija, preguntó de mala gana:
-¿De dónde viene?
Ella, agitada, secó un poco su frente y contestó como pudo:

Mis notas

45

-Vengo de Tocoa. Colon.

-¿Le dejaron exámenes?

La dama de tercera edad, no escuchó bien y preguntó de nuevo.

Héctor encolerizado le gritó la pregunta y luego le tiró los papeles casi en la cara y le dijo que cuando escuchara bien regresara a traer su cita.

En ese momento que eran casi las doce del mediodía. Héctor, para completar su mal trato cerró con violencia la cerró ventanilla. La dama quedó pasmada, abochornada, miró a un lado y otro, tocó la ventanilla como pidiendo por favor.

Héctor puso un rótulo en la ventana que se leía "Es Hora de Almuerzo: regrese a la 1 pm"

La señora, resignada, consiguió una destartalada silla que se movía de un lado para otro. No tuvo más remedio, y en silencio, esperó que Héctor abriera nuevamente.

Ella por sus pocas fuerzas no pudo poner su queja al departamento pero si contó su experiencia, en verdad su vergüenza y desprecio vivida en aquel sanatorio.

Analizar el por qué muchas personas trabajan y no practican el buen trato es algo que merece toda la atención posible.

Si tú tienes un negocio o empresa grande o pequeña recuerda: debes tener como normativa la famosa Regla de oro:

Así que, todas las cosas que queráis que los hombres hagan con vosotros, así también haced vosotros con ellos;...
Mateo 7:12.

Recuerden que muchas personas anhelan lograr muchos éxitos en sus vidas, tienen metas altas, grandes logros que imaginan van a conquistar en el futuro medianamente cercano, pero para alcanzar esa metas es imprescindible esta necesidad primaria, y es poner en práctica esta regla dorada, la cual es la que permite no solo despejar obstáculos sino iluminar el camino de aquellos

Mis notas

valientes que buscan los verdaderos secretos escondidos que
le darán las victorias que sueñan.

Además de perseverar en los
sueños, se requiere una entrega
a los demás. La regla de Oro no
es solo un enunciado bíblico, es
un concepto divino para que se-
pamos como mostrar lo que hacemos, no se puede esperar co-
secha si primero no se planta. La
regla de Oro te dice que apren-
das el arte de querer ver bien
a otros, de mostrar bien lo que
ofreces. Si deseas que alguien
compre tu producto, debes saber
entregarlo, presentarlo, en forma,
estructura, calidad, imagen, etc.

¿Cómo alcanzar esos conceptos? Recurrir a expertos y con-
sultores en marketing, puede ser
una buena pero costosa estrate-
gia.

Déjame darte este consejo:
Sigue la Regla de Oro. Piensa
en que actitud tendrías si fueses
cliente. Invierte el concepto. Pon-
te del otro lado. Pregúntate: ¿Qué
compraría? ¿Qué tipo de empa-
que te atrae? ¿Cómo quisiera que
fuera el ambiente?

Mis notas

Tengo otra recomendación, que no puedes pasarla por alto: Si no es aplicable la regla dorada en tu negocio, dudo que sea un buen negocio. Pero si lo que buscas es solo dinero, tal vez puedas obtenerlo de cualquier otra forma, entonces hasta podrás decir que no necesitas de la regla de oro, pero seguramente si tendrás que recurrir a un buen abogado que arregle tus problemas.

El hombre prudente ve el peligro y se protege; el imprudente ciegamente avanza y sufre las consecuencias.

Proverbios 22:3 (NBV)

A través de estas páginas quiero prevenirte, no deseo que tengas malas noticias o fracasos que pudieran evitarse. Mi anhelo es que sigas leyendo estas páginas porque sé que tu interés es porque sigues con "hambre" de más instrucción. Quieres mejorar tu vida y tus finanzas. No te detengas, sigue, tus sentidos se apresten más y más para el consejo. Porque las ideas innovadoras y

Mis notas

refrescantes no se agotaron, no son solo parte de la vida de algunos exitosos, están al alcance de muchos, solo que esos muchos no siempre están dispuestos a levantar su mirada y abrir sus oídos para que vengan las estrategias que Dios puede y quiere darles a sus hijos.

A esta altura de la lectura necesito pedirte algo más: comienza a evaluar tu propio proyecto: icuales son los puntos fuertes y cuales los débiles. ¡¡Haz esa lista!!

NO DES MAS PASOS SIN ESTAS PREMISAS. SE VALIENTE CONTIGO MISMO. Y SI TIENES DUDAS CONSULTA. NO AÑADAS TRISTEZAS QUE PUEDES EVITAR CON SOLO UNA MEJOR EVALUACION.

El buen trato es uno de aquellos ejes donde gira el éxito o el fracaso de un emprendimiento. Puede estar el mejor producto, exhibido y presentado en la mejor manera en la mejor estructura edilicia pero si el buen trato falla, todo se desmorona, porque está finamente ajustado a un principio bíblico que es inalterable:

Mis notas

Si en verdad amas a tu prójimo pondrás entonces en práctica la Regla de Oro, no puedes escapar de ella.

Bueno, y… ¿qué ocurre si no aplicas esta regla?

En verdad, que toda persona que piensa en establecer un negocio, debería tener la o las razones correctas: hay insuficiencia del rubro, tal o cual producto o servicio escasea, hay tal necesidad de lo que se ofrecerá, esta zona puede tener un desarrollo impensado, todo se relaciona o va en camino de crear una necesidad. Sin dudas esta nueva realidad imperante generará un beneficio, en el menor de los casos será bidireccional en la relación dueño/proveedor y cliente/vendedor, pero puede traer una integración/interacción totalmente insospechada en la persistencia del nuevo rubro.

Sin embargo, todo puede desbarrancarse o no tener el flujo de intercambios que se pretendía al diagnosticar la necesidad primaria del proyecto. ¿Por qué falló?

Mis notas

¿Qué se hizo mal?

Donde se harán recaer muchas de las culpas será tarea de posibles expertos, lo cierto que muchas veces los fracasos vienen de la mano con el abandono a la Regla de Oro.

El buen trato tiene un objetivo y ese objetivo es el cliente, un cliente satisfecho, se quede dentro del local o regresa, posibilitando así establecer un vínculo más allá de lo informal o meramente ocasional.

Si tú ya estás aplicando desde el primer día este principio, además del orden y la organización puedo asegurarte que has dado importantísimos pasos.

Estos tres principios hasta ahora expuestos, pueden parecernos que son un poco independientes uno del otro, pero en verdad se desempeñan como una unidad de funcionamiento. **Ninguno es más importante que el otro**, pero si uno no se adecua a los otros, pasará a tener una triste importancia, ya que florecerá irremediablemente el andar de una manera no planeada.

En verdad estos tres principios tienen enraizados el mismo concepto: que en verdad tu piensas en el otro. Tu prójimo no te es indiferente, tienes para darle, esperas de él, pero sobre todo has entablado una relación que realmente te importa.

Recuerda una vez más: La sabiduría es mejor que las piedras preciosas.
Job 28:18

Es inimaginable ni se concibe un negocio o empresa que solo desea el mal a sus clientes o que no sea lo suficiente bueno y atractivo y eficiente para los que llegan.

Si dejas de aplicar la regla dorada puede ocurrir, y hasta es posible que se llenan tus arcas, que el negocio tenga un apariencia exitosa, que en verdad pareciera que la regla de oro es otro más de esos consejos que se puede obviar, pasar por alto, al fin y al cabo no reviste de tanta importancia el trato que se tiene con el cliente. Vale el mejor precio y se termina el trato... pero con el tiempo, es

Mis notas

____

____

____

____

____

____

____

seguro que el precio que tu mismo, -como propietario-, pagarás será muy alto.

Porque los que quieren enriquecerse caen en tentación y lazo, y en muchas codicias necias y dañosas, que hunden a los hombres en destrucción y perdición.

1Timoteo 6.9

Habrás perdido tu libertad, te volverás esclavo de tu dinero, ya no pensarás adecuadamente, tus reflexiones y desvelos tendrá solo un centro, todo girará en base al metálico, de manera que esa violación a esos principios expuestos te darán dinero con dolor y ese dolor pasará a tu familia, todos los que son parte de ti serán salpicados directos o indirectamente con el paso del tiempo. Como una enfermedad ultra contagiosa cubrirá todo, nada quedará fuera, todo estará contaminado, nada rendirá y por eso te verás en la ardua tarea de trabajar pensando en que todo podría acabar y la única manera

Mis notas

____

____

____

____

____

____

de que no acabara sería trabajando y trabajando y morir trabajando sin haber entendido ese propósito de las finanzas.

Porque raíz de todos los males es el amor al dinero.

1 Timoteo 6:10

En el libro de mi autoría: "La viuda y sus hijos", hay una sentencia de lo que sucede con los avaros, aquellos tacaños que omiten compartir. Los resultados pueden parecer que los acompañan pero pasado el tiempo, las consecuencias son peores que nefastas. Muchas veces tienen que ver con la humillación y la pobreza.

Recuerda: el buen trato todos lo deseamos. El buen trato nos hace bien. Todos queremos ser tomados en cuenta, todos deseamos ser incluidos y ser parte de algo. En verdad: necesitamos del buen trato.

Deberíamos tener en cuenta: el buen trato no es una variable de ajuste en el presupuesto de tu negocio, es una necesidad impe-

El buen trato nos hace bien

Mis notas

riosa, la Regla de Oro nunca tiene fecha de vencimiento.

Hay países donde hay una cesta o varias cestas de frutas, productos, ropa costosa, que se venden solas.

¿Cómo es eso ?
Las personas dejan las canastas o sus productos en la acera con un precio y están contabilizadas, ordenadas, higiénicas. Todo está en orden, limpio, pensando que alguien puede comer esa manzana, ponerse tal o cual ropa. Hasta los diarios o revistas se venden así. Los ocasionales compradores no necesitan entrar al negocio, todo está allí y a la mano. Habrá si, una bandeja para poner el dinero o eventualmente tomar el cambio.

El cliente tiene la libertad de elegir, se le honra con la confianza que se le dispensa. La Regla de Oro, funciona perfectamente. Uno dispone la mercadería esperando que el otro pague lo justo y el comprador se ve y se siente respetado por el comerciante. Aún sin saberlo cada uno cumple su rol de una manera excelente.
Tal vez, esta manera de exhibir

Mis notas

y vender productos nos parezca demasiado extraña, demasiada ingenua, cualquiera puede tomar una manzana y salir corriendo pensamos. Claro eso ocurría si uno se está aprovechando del otro y en tal caso la Regla de Oro estaría ausente, el que seguro no estará ausente, es el policía que llevará a la cárcel al ladrón de la famosa manzana.

Todos queremos la excelencia. La necesitamos. Es mentira que nos acostumbramos a lo burdo. Tal vez lo aceptamos porque alguien nos convenció que era así, que no podíamos cambiarlo, que cultural, que históricamente, que socialmente no podíamos hacer mucho para cambiar, pero Dios le ha dado suficiente sabiduría al hombre para que siempre recuerde al buen trato, en todo lo que haga, en todo lo que emprenda.

El buen trato debería ser no solo un principio para el éxito financiero en lo que emprendas sino debería levantarse como un verdadero estandarte donde quiera que te pares. De esa manera vendrás a ser un auténtico referente y una verdadera luminaria para otros.

Mis notas

____

____

____

____

____

____

____

*Nadie enciende una
lámpara para esconderla,
o para ponerla debajo de
un cajón. Todo lo
contrario: se pone en
un lugar alto, para que
alumbre a todos...*

Lucas 11:33

Mis notas

____

____

____

____

____

____

____

____

4.

La disciplina

Este cuarto principio es un eslabón muy fuerte y por demás poderoso en la cadena para el éxito en las finanzas. Es tan fuerte que para los días que corren que hasta a veces parece ser una palabra que ha caído en desuso, se la quiere hacer o presentar como obsoleta, que es relativa, que ha pasado de moda. Porque pareciera que la libertad desenfrenada es lo mejor para este mundo. Por eso la disciplina se hizo una palabra extraña, de los viejos, o de los militares pero no para

Mis notas

____

____

____

____

____

____

____

la gente común o la gente que quiere tener éxitos empresariales rápidos.

¿Cuántos buenos proyectos y mejores intenciones resultaron en estrepitosos fracasos porque se menospreció esta palabra? Muchos actualmente no quieren saber de ella por lo difícil que es seguirla, según aducen algunas personas.

La disciplina se entiende como la labor que ejerce una persona para enseñar o adquirir buenos hábitos; abarcando todas aquellas reglas de comportamiento que elabora y las medidas que ocupa para cerciorar que dichas reglas se cumplan.

"Es verdad que ninguna disciplina al presente parece ser causa de gozo, sino de tristeza; pero después da fruto apacible de justicia a los que en ella han sido ejercitados".
Hebreos 12:11

Mis notas

____
____
____
____
____
____
____
____

Esto último es muy común en un núcleo familiar donde los padres tratan siempre de disciplinar a sus hijos para hacerlos personas de bien, de carácter y de orden. Lo mismo ocurre en la escuela, donde se conoce como disciplina escolar, lo que el maestro o el profesor llevan adelante cuando imparte correcciones a los alumnos.

*"y habéis ya olvidado
la exhortación que
como a hijos se
os dirige, diciendo:
Hijo mío, no menosprecies
la disciplina del Señor, ...*

Hebreos 12:5

Este acostumbramiento a la impuntualidad, se hizo hábito en Camila. Pasó el tiempo, pasaron los años, inevitablemente llegó la universidad. En las aulas universitarias no modificó "su" sistema que no fue rectificado en sus primeros años, ya que arrastraba un viejo paradigma que señalaba que sus padres confundieron o torcieron el principio de la disciplina.

Mis notas

____

____

____

____

____

____

Ella tenía una inteligencia como pocos, muy sobresaliente, se distinguía entre sus compañeras y compañeros. Siempre tenía la respuesta acertada ante cualquier pregunta académica.

El único problema que ella ahora enfrentaba, era no solo ir a sus demandantes clases en la universidad, lo cual era algo de vital importancia, sino que la puntualidad era una exigencia no negociable. Papá ya no estaba para hacer como que no pasaba nada. Ahora había un horario, pasado el pequeñísimo margen de tolerancia, la puerta de entrada a las clases se cerraba. No había excusas para los que llegan tarde o se les pegaban las sábanas.

La falta de disciplina trajo consecuencias, el resultado comenzó a frustrar a Camila tanto que sentía que todos los profesores eran malos con ella y sobre todo el de la primera clase ya que está

Mis notas

materia le daría el requisito para la otra clase que tanto ella necesitaba y poder así avanzar en la universidad.

Camila comenzó a repetir aquella clase y entró en una fase depresiva que sus padres tuvieron que llevarla a tratamiento psicológico y una de las recomendaciones del personal de higiene mental era que estuviera fuera de sus clases y replantearse una nueva carrera.

Comenzó a tomar antidepresivos, se sentía mejor con el uso de ellos, pero había algo que nadie veía, y era la base fundamental de su problema: la disciplina debía confrontarla con ella misma, era hora de profundos cambios, debía reformar su hábito, la tardanza y las llegadas tardes debían cambiarse por la costumbre de levantarse temprano, a tiempo.

Poco a poco, su psiquiatra fue advirtiendo que el problema de la impuntualidad era algo crónica en la vida de Camila. Así que el profesional comenzó a trabajar esta área. Por su edad, ahora de más de veinte años, todo cambio era un desafío. Así el hábito de disciplinarse a levantarse temprano era una verdadera tortura.

Camila, en parte, fue responsable de su problema, aunque sin saberlo, sus padres no la ayudaban cuando no la corregían o permitían sus tardanzas en la escuela primaria. Podríamos decir que la joven "se mal disciplinó" a un horario no productivo. Cambiar ahora, era mucho más que un desafío o una meta propuesta, era un verdadero reto cambiar drásticamente lo que su cuerpo y su vida habían incorporado como una verdadera "cualidad" para su existencia.

Finalmente después de varios años de tratamiento y de luchas, llegó al uso del cigarrillo para querer desestresarse, lejos de eso sucedió, sino que ahora tenía otra ansiedad auto-impuesta. La nicotina también traía sus reclamos a la hora de las abstenciones. Cada vez consumía más. Sus luchas eran crueles, parecía no haber luz al final del camino. Poco a poco las desilusiones de la vida se traducían en grandes frustraciones.

Mis notas

Este andar plagado de fracasos, paradójicamente frustraba también ahora a sus padres quienes en su mayoría de edad se sentían solos e indefensos y erogando dinero que hubiese sido innecesario gastar de haber tenido otro concepto acerca de cómo guiar a su hija. No supieron o no quisieron, lo cierto es que no fue instruido ni creado ese buen hábito de levantarse temprano para iniciar las labores del día a día.

Como señalamos antes, Camila se "mal disciplinó" a rutinas y conductas que no le ayudarían en nada. Más bien contaminaban a otros, a su entorno, segundos y terceros "eran expuestos" a las frustraciones de la joven.

El desconcierto de esta vida, era tanto, que podía asegurarse que no había una enfermedad real, tangible, cierta pero que traía llanto y dolor sin haber pasado aún la muerte,- que hubiera sido una tragedia irreparable-.

Camila comenzó con tratamientos múltiples y ocupacionales para así poder desviar aquellos malos hábitos adquiridos y

Mis notas

así disciplinarse en las buenas costumbres.

Se entusiasmó con la tarea de sembrar una nueva planta o semilla cada mañana para el vivero de una fruta que tanto le gustaba como ser la papaya. Su psiquiatra señaló -con sabiduría- que la mejor hora para sembrar eran las 6 de la mañana.

-Camila creo que vas progresando bien- y agregó con entusiasmo como para animarla en ese incipiente pero seguro cambio: Además considero que las personas que no se hacen de buenos hábitos tendrán que vivir siendo arrastradas por sus malas rutinas. Lo ideal es llevar nuestros buenos hábitos donde quiera que vayamos para así ser objetos de ayuda y ejemplo, no para que nos admiren ni nos adulen. Pero es bueno resaltar que aquellos que se apegan a la disciplina, el buen hábito se les ha adherido y forma parte de su vida. Así también será evidente que cultivarán excelencia que resplandece en múltiples facetas de la vida.

Y agregó el Doctor en su plática:

Mis notas

-Camila, los buenos y **grandes pasos han comenzado en tu vida, nada los detenga**..¡¡Jamás!!

Actualmente Camila es una Médico destacada, se libró del cigarrillo, tiene su propio vivero y comenta con entusiasmo increíble:

"La terapia ocupacional con la naturaleza es muy importante pues te conecta con el Creador y ves las cosas sencillas de la vida que te brindan la mayor lección para seguir viviendo.

Los cielos cuentan la gloria de Dios y el firmamento anuncia la obra de sus manos.
Salmos 19:1

Qué importante es el poder formar una disciplina basada en hábitos que nos lleve a ser mejores personas que pueden mejorar la sociedad, nuestro entorno, nuestras familias. ¿Tiene que ver con éxito en los negocios y los principios financieros? Alguien apresurado puede objetarme pero lo cierto es que nuestra sociedad está reclamando gente con dis-

Mis notas

ciplina, no como soldados rígidos sino con principios emocionales que incluso nos **ahorrarán** muchas idas y vueltas, muchas frustraciones, muchos fracasos, al final veremos que muchos gastos son innecesarios. Y eso en todo caso: ¡¡Es un buen negocio!!

Los hábitos buenos y los hábitos malos: los primeros nos cuestan aprender y los segundos se nos pegan con demasiada facilidad. En realidad estos últimos son parte del ser humano sin disciplina. No son inocentes ni quedan al margen de nuestras vidas, se han adherido como malas hierbas, así nos causan dolor, trabajo, frustraciones y sacrificios. Pero no escribo ni usted está leyendo para dejarnos frustrados con los brazos caídos por las derrotas sino que buscamos que las satisfacciones personales lleguen, sean parte de nuestras vidas, los buenos hábitos no son "fáciles de aprender", los queremos adquirir, no renunciamos a ese aprendizaje. ¡Jamás!

Antes bien, examínenlo todo cuidadosamente, retengan lo bueno.
1 Tesalonicenses 5:21 (NVL)

Mis notas

Casi siempre un buen hábito aprendido con esa disciplina y trabajo nos librará del esfuerzo futuro innecesario, pero muchos en su vejez tendrán que pasar forzando su máquina que es cuando más deseos tendrán de descansar y no podrán por haber evitado autodisciplinarse en lo que era bueno y provechoso para sus vidas

Tratemos de imaginar la vida como un importante iceberg, que flota en las aguas azules del gran océano: sobresale la punta del témpano, inmaculada, blanca, nada pareciera indicar la gran base que se encuentra sumergida, silenciosa.

Comparémoslo: arriba está lo visible, lo que todos ven: el auto, los buenos vestuarios que tienes, la bonita casa, las grandes propiedades que te tienen por dueño, la buena escuela o la mejor universidad a la cual asistes, la buena paga y los buenos cheques de tu cuenta. Todo está allí, nada parece faltar en ese ícono de metas alcanzadas que parece tu vida. La punta del iceberg que todos admiramos y anhelamos tener tal vez es lo que vemos en el otro para así sentirnos realizados.

Mis notas

____

____

____

____

____

____

____

Sin embargo deberíamos detenernos antes de pensar en algo trivial y pasajero con lo verdadero y real:

No tengas envidia de los malvados, ni desees estar con ellos. Proverbios 24:1

Muchas veces eso es lo que sentimos cuando vemos logros de personas, analizamos vidas humanas fuera de este proverbio. ¿Pero que pasaría si nos damos cuentas que mucho de lo que se ve es producto de iniquidades e indisciplinas de las más aberrantes que imaginamos?

¿Estaríamos dispuestos a querer tener los logros o los bienes de esa persona? Seguramente que no. Posiblemente solo estamos viendo esa punta del iceberg, lo que reluce, lo que se ve pero **hay una base que sustenta todo** y tal vez todavía no hemos aprendido a que la debemos valorar.

*¿Has visto hombre solícito en su trabajo? Delante de los reyes estará;
No estará delante de*

Mis notas

los de baja condición.
Proverbios 22: 29

¿Por qué este hombre es tan solícito o diligente? ¿Qué virtudes tiene que lo hacen ser así?

¿Por qué un día estará delante de los reyes? O sea que sabrá como desenvolverse delante de las personas del más alto nivel en todo aspecto. Sean presidentes de empresas, sean dueños de grandes bancos, sean reyes de naciones. Aquel hombre señalado por el texto bíblico no tendrá problemas para relacionarse con los más altos niveles de autoridad.

Posiblemente no vemos o no alcanzamos a apreciar lo que está bajo el iceberg en ciertas personas: Valores y principios en casa tanto morales como espirituales, disciplina, esfuerzo, sacrificio, luchas, trabajo forzado, tal vez sufrieron vergüenzas, otras veces maltratos, hambrunas, falta de ropa, escasez monetaria, desvelos, puertas cerradas.

Seguramente se les ha inculcado valores morales, una herencia bien traspasada, comodidad

Mis notas

____
____
____
____
____
____
____

para estudiar, una buena educación, también esfuerzo, trabajo, amor y respeto al prójimo.

Ahora veamos a ese mismo iceberg con las siguientes características en la base, que por cierto recordamos que no vemos, ya que está sumergida: Pereza, robo, fraude, maltrato a semejantes, malas compañías, ambición, dinero ilícito, ganancias deshonestas, malos consejos, violencias, mentiras, provocación, rencores, orfandad de referentes, resentimientos, frustraciones.

Claro, nada de esto se ve, pero es indudable que se percibe, tal vez sea como un olor nauseabundo que no se sabe de dónde se origina pero es real y la repugnancia no tarda en aparecer. Recordemos que solo vemos la cima erguida con un orgullo que pareciera desafiar los helados vientos de los polos. Lamentablemente hay muchos que quieren conquistar esos ejemplos, los logros son visibles a todos, la base está,… pero no importa demasiado, diría un irresponsable ambicioso.

Por favor no puedo seguir escribiendo sin darte este consejo que estoy convencido que partió del mismo corazón de Dios.

*No tengas envidia de los hombres malos,
Ni desees estar con ellos;
Porque su corazón piensa en robar...* Proverbios 24:1-2

El iceberg es casi un ejemplo perfecto de lo que podemos observar en muchas personas. La base -como los corazones- se esconde, se aparenta, se tiende un manto oscuro de suspicacias para no ser descubierto. Vemos esta base del iceberg, que posible esté mostrando su punta de una manera tan espléndida que todos se quieran volcar a este mismo ejemplo de personas .

Porque tuve envidia de los arrogantes, al ver la prosperidad de los impíos.
Salmo 73:3

Sin lugar a dudas que el escritor de los Salmos también tenía debilidades y como tampoco veía las bases de los iceberg, se contentaba en ver algunas co-

Mis notas

sas -para nada plausibles- de los arrogantes y los impíos. Cuantas personas parecen enamoradas, envidian realmente la apariencia se enamoran de lo visible, de los logros aparentes de otros, aún sin importar demasiado como lo consiguieron. Tristemente son muchos, pero ahora veremos la importancia de lo que tenemos que buscar en la base, la "raíz" del iceberg.

Con lo que escribí, parece que la disciplina hubiera quedado lejos, pero no es así, porque no señalo a la disciplina como la representación de lo rígido, formal, que coacciona, que solo limita pretendiendo poner un corsé a todo lo que se llama libertad. Ya no podemos seguir siendo ingenuos, la disciplina no es una virtud impuesta sino que, porque ha llegado la hora de trascender a nuestros sucesores, debemos transmitirla, enseñarla, vivirla como una poderosa virtud que llena el alma.

El tener una base sólida es también pensar en el prójimo. Porque estar pensando en un legado que beneficiará a muchos tanto en el presente como en el

Mis notas

futuro es muy bueno, pero si esa base no es sólida, si la disciplina es algo más dentro de un dudoso conjunto de formalidades, mucho me temo que solo has pensado en tu estómago, tu cuerpo, tus vanidades, tu "yo".

Déjame advertirte que ciertas cosas no se pueden pasar por alto, recuerda a Camila, nada tan importante parecía llevarla a un abismo, pero las "simples tardanzas", las "simples impuntualidades" le quitaron años de su vida. Muchos sinsabores podría haber evitado. Aprendió con lágrimas las lecciones. Tú, todavía estás a tiempo, es hoy y ahora la disposición de tu corazón para una vida que se adivina como sorprendentemente valiosa. No la dilapides, porque un día te puede ser quitada y tal vez no podrás pasar a otro nada duradero ni valioso por más que te esfuerces en querer hacerlo.

Recuerda los iceberg no son malos, su peligro en los mares, es que solo vemos una pequeña parte. Pero aprendamos a construir y a revisar las bases que a nosotros nos sostienen.

Mis notas

Mis notas

5.

La diligencia

Esta palabra es posiblemente una de las más olvidadas a la hora de hablar de principios básicos escondidos.

No importa en qué o cual sea el ámbito para desarrollarla, lo cierto es que parece caída en desuso, una antigüedad que sin darnos cuenta va afectando con crudeza todos los días de nuestra vida.

¿Pero,...por qué? es sola una circunstancia, una moda que pasó o

Mis notas

que solo es principio en algunas rarezas de la raza humana.

En verdad es una palabra vital, lleva implícita vida en sus entrañas y es en gran medida parte del éxito en las finanzas, sea el negocio que sea. No hay éxito sin esta acción, la diligencia no es una opción a la hora de analizar las variantes de un emprendimiento. Se es diligente o se está condenado al fracaso. No hay término medio en esta declaración. No puede dejarse fuera del éxito, es parte del mismo.

¿Has visto hombre
diligente en su trabajo?
Delante de los
reyes estará;
No estará delante
de los de baja condición.

Proverbios 22:29

La Biblia manifiesta que un hombre diligente llegará donde todos quieren llegar, pero la mayoría no llega, aunque parece una obviedad solo llegan los diligentes. ¿Tienen las puertas cerradas? ¡!No!!, solo que su pereza los ha hecho no aptos, la meta del éxito

Mis notas

financiero o de logros personales nunca estará al alcance, siempre será un espejismo que se aleja a medida que pretendan acercarse.

Es tiempo de definir esta casi olvidada palabra:

1. Disposición para resolver con rapidez e interés lo que ha de hacerse. Hace su trabajo con mucha diligencia.

2. Acción necesaria para la tramitación de un asunto. Ejemplo: tengo que ir a resolver unas diligencias para formalizar la compra.

El diligente: es la persona que **está interesada en hacer bien su trabajo** y que tiene empatía por aquel que le está solicitando su ayuda sea dentro de una oficina estatal o privada.

El diligente siempre está pensando en que algo sea hecho expeditivamente y con beneficios a segundos y terceros.

Es bueno a la hora de definir palabras algunos sinónimos que pueden ayudarnos a comprender mejor acerca de lo que me estoy expresando:

Mis notas

Pronto | Veloz | Raudo
Eficaz | Emprendedor.
Enérgico | Cortés | Amable
Afectuoso | Entrañable
Laborioso | Aplicado
Competente | Capaz | Apto
Válido | Valioso.

El no diligente sería todo lo contrario y permítame agregarle algunos antónimos para comparar con lo anterior:

Indolente | Negligente |
Perezoso | Vago | Apático
Abúlico | Abandonado
Dejado | Descuidado
Desaplicado | Distraído
Desinteresado | Indiferente

Necesito contarle una breve historia a manera de ejemplo:

Ariana, quien estaba trabajando en el registro de las personas, tenía un puesto muy importante y cada vez que llegaba una persona a requerir de sus buenos oficios por lo que ella representaba, siempre estaba en la ventanilla, no se asomaba demasiado, pero con poco de su rostro que...tal vez no haga falta muchas descripciones...casi a la fuerza en dicho lugar.

Mis notas

____

____

____

____

____

____

____

-Sí, ¿Que desea?

- Vengo por una partida de nacimiento.

- ¿De quién es la partida? ¿Trae un documento que acredite que es su familiar?

- Si claro aquí está mi documento, soy su padre.

- Humm…Mire, tendrá que venir en 1 semana, pues no tenemos tinta para imprimir los archivos.

- ¡¡Por favor señorita!! Ayúdeme en este asunto, necesitamos estos formularios urgentemente para unos papeleos.

La respuesta más que cortante y descortés, no se hizo esperar:
-NO tenemos forma de hacerlo. NO podemos imprimir. NO hay tinta en la impresora…
-Pero…alcanzó a escucharse una vocecita que ya se adelantaba al irremediable fracaso.

Ariana, desde el otro lado de la ventanilla, como para que no queden dudas levantó un poco más su voz, de por cierto bien chillona, casi desagradable podría decirse:
-Debe esperar una semana. ¡¡NO hay tinta!!
¿Ves algún grado de diligencia en el relato?

Una semana para poder imprimir un documento que debería estar a la disposición de un ciudadano que pide algo de manera legal.

Ahora veamos siempre este cuadro y sigamos leyendo.

- Señorita , creo que está cometiendo un error, hágame el favor de ayudarme con este documento

- Ya le expliqué, y se lo repito por si tiene algún problema auditivo: ¡¡NO hay tinta!! Y agregó en forma todavía más despectiva aún: ¡¡NO tengo nada más que decir!! Hizo un pequeño silencio como para carraspear un poco y soltó la frase que más le gustaba pronunciar:

-¡¡ Que pase el que sigue... por favor!! Como para dar un atisbo de buena gente...

Que conocido nos resulta este cuadro. Lo sufrimos muchas veces, pero...sigue leyendo, por favor.

La persona, necesitada del documento, bajó su cabeza y resignada se retiró de la ventanilla, pero al dar unos pasos más fue hasta la jefatura del registro. La

Mis notas

____

____

____

____

____

____

____

jefa del registro lo reconoció al instante:

- Buen día jefe, ¡qué tal! ¿Cómo está usted?

- Pues verás, estoy triste, porque veo qué hay empleados que están afectando a la misma población. En su desidia casi que agreden con la indiferencia a quienes llegan hasta aquí. Necesito que por favor me busquen esta partida de nacimiento y me impriman una copia. Necesito encargárselo a usted, pues veo que la jovencita de aquella dependencia pasa más pendiente de su celular que de las personas.

- Jefe, ¡Con todo gusto! Ya le resuelvo el problema. ¿Cómo no vino a verme antes?...Le hubiéramos ahorrado tiempo, le decía la mujer que trataba por todos los medios que la actitud de Diana quedara olvidada.

Aquel hombre se quedó observando de lejos aquella dependencia. No había persona que no terminara discutiendo o quedarse absolutamente en silencio, frustrada y dolida por el trato recibido. Nada hacía la señorita por el otro, el celular era su desvelo.

-¡¡Que pase el que sigue!! Hasta parecía feliz con el sarcasmo

Mis notas

____

____

____

____

____

____

____

que le seguía a cada grito.

Las personas salían con un rostro molesto.

El jefe encubierto, por así llamarlo, dijo para sí: Cuán difícil será para este tipo de empleados llegar a lugares de eminencia en la vida y escalar o ganarse el favor o la voluntad de otros.

La mano negligente empobrece, pero la mano de los diligentes enriquece.
Proverbios 10:4 (RVA 2015)

La jefa del registro trajo la partida de nacimiento solicitada. Diana dejó el celular y casi se atraganta con un caramelo que rodaba en su boca, empezó a activarse como si un extraño "rayo cósmico" la hubiera alcanzado. Comenzó a buscar la impresora que estaba con poca tinta, llamó rápidamente al conserje:
-Po...Por favor...le dijo pálida, búsqueme tinta...si tinta...para la impresora...Se cuenta que reportó a almacén un pedido tan grande que sobrepasaban los seis meses que estaban por delante.

Mis notas

____
____
____
____
____
____

Ahora **apareció "la diligencia obligada"** que ella mostró después de saber que un alto jerarca de su misma línea le había visitado y ella se mostró negligente. Ariana ahora estaba en serios problemas, su situación era difícil, podía encontrarse en que había sido despedida por negligente.

La diligencia es estar en el lugar indicado, preciso, para poder ayudar en lo que su trabajo administrativo se requiera.

Las áreas administrativas son áreas que por ver documentos y/o cifras, la tarea poco a poco se va despersonalizando, se hace todo que parecería rutinario y mecánico pero se olvida lo que realmente importa y esto no es otra cosa que poder servir a las personas a quienes nos debemos, por quienes estamos en esos puestos de eminencia que tienen un propósito fundamental en el desarrollo de una sociedad madura y organizada.

Nadie es más que nadie, el diligente lo sabe, por el contrario el negligente cree que la función que ejerce lo encumbra.

Mis notas

De cualquier ángulo, esto es una conducta inapropiada que podemos cometer siempre, por no ponernos "en los zapatos del otro" que requiere o necesita de nuestros servicios.

La diligencia tiene su recompensa tarde o temprano en aquellos que en verdad la practican, serán puestos en alta estima y eminencia, porque ser diligente es pensar en los demás, los semejantes no podrían confundirse con los de baja condición, pues están al servicio de todos, de los de baja, media y alta condición. El diligente no deja pasar la oportunidad, no se hace el distraído mirando su teléfono, todo lo contrario, está pendiente. El servicio es una cualidad que "persigue" y siempre brindará un servicio del mejor, con excelencia, eso lo verá toda persona que se le acerque.

Una empresa compuesta de personas diligentes en verdad funcionará de mil maravillas. Porque "nadie pesa el esfuerzo de la ayuda", sino que es una cualidad permanente en la compañía. Mirar empresas, negocios o instituciones exitosas es mirar emprendimientos donde la diligencia no

Mis notas

necesita estar en el manual de procedimientos sino que está viva en el corazón de quienes todos los días la llevan adelante, tanto en la atención o en la producción de los distintos bienes.

Nadie pesa el esfuerzo de la ayuda

Mis notas

____

____

____

____

____

____

____

Mis notas

Compromiso

Este principio debería ser bien analizado, porque en verdad es un compromiso primario, es decir, que podríamos llamarlo como una auto-obligación consigo mismo y es de hacer lo antes escrito como un código de vida permanente, en todo lo que me he comprometido.

¿Qué resultado traerá esto?

Primeramente el resultado no estaría sujeto o determinado por las circunstancias o los estados

Mis notas

de ánimo de quienes se comprometieron. Asumieron el compromiso y eso no es negociable bajo ninguna presión externa, esto acarrea -sin lugar para la más mínima duda- la bendición y beneficio a quien asume y viva de acuerdo a lo comprometido.

El compromiso debe ser siempre en primera persona, no podemos exigir a otros o de otros lo que no podemos llevar adelante nosotros mismos. Al estar comprometidos con nosotros mismos estamos en condiciones de objetar a alguien sus propias faltas de responsabilidad.

Definiciones de compromiso

*Obligación contraída por una persona que se compromete o es comprometida a algo.

*Acuerdo formal al que llegan dos o más partes tras hacer ciertas concesiones cada una de ellas.

El compromiso con nosotros mismos es vital para poder ser personas creíbles ante los demás, si la gente ve que tenemos un código de conducta comprometido entonces ellos confiarán más fácilmente en nosotros y es

Mis notas

allí donde estamos aptos para compromisos bilaterales o de más partes .

No podemos pensar en éxitos de negocios si no partimos de compromisos con nosotros mismos: La ética, la responsabilidad, la honestidad, la calidad, los aportes al fisco, lo asuntos financieros, los acuerdos que hicimos, la palabra dada, son solo algunos ejemplos. No hay negocio grande ni pequeño, puedes engañar con un carro de último modelo o vender una manzana podrida. Puedes pensar que nadie o casi nadie verán la diferencia pero ninguna negociación fiable se lleva adelante y con éxito si no existen compromisos previos.

El compromiso nuestro, mi compromiso, nos hace ver aceptos y confiables, por eso las personas seguras de sí mismas tienen más probabilidad de éxitos en casi todo lo que emprenden. Pero si no hay compromiso previo o debilidad en cumplirlo la seguridad que ofreceríamos quedaría en un simple maquillaje o lo que es peor en una tenebrosa máscara de hipocresía.

Ejemplo :

Mis notas

Elmer salió ese día al Mercado y estando allí alguien le gritó:

-Oye Elmer. ¡Te estuvimos esperando! Tú nos prometiste que llegarías a jugar. ¿Qué te pasó?

¡Estamos cansados de tus promesas...ya es la tercera vez que quedamos esperando!

Elmer se sonrió ante tales palabra:

-No pude ir allí... disculpen que no pude avisarles. En otra ocasión será. Ensayó como triste excusa.

Una persona como Elmer, ¿Qué creemos que generaría?. ¿Algo solo superficial, sin demasiada importancia o tal vez nos convencería de que no vale el esfuerzo de volver a invitarlo?

Es en estas cosas, por pequeñas que parezcan, es donde se forjan las mejores relaciones de confianza, que hasta perduran en el tiempo.

El compromiso es de valientes.

Todos los estratos de nuestra sociedad lo demandan: el banquero que no cobra usura, el médico que opera con conciencia, el mecánico que arregla un ca-

Mis notas

rro con los mejores repuestos, el marido fiel que saluda y respeta cada día a su esposa, el cajero del mercado de frutas que es honesto con el dinero, el enfermero que cuida los medicamentos, el hijo que sostiene a sus padres, la madre que plancha la ropa a su hijo, el cafetero que no usa pesticidas cuando dice que sus cultivos son orgánicos, el periodista que no miente al informar desde las páginas de un periódico, el taxista que cobra lo justo, el estudiante que es honesto en sus exámenes, el industrial que no tira los desechos tóxicos en cualquier sitio, el pescador que vende solo pescado fresco, el joyero que vende realmente el oro puro y no una sutil fantasía. Todos, tienen ciertos grados de compromiso. La pregunta que podríamos hacer es:

¿Lo cumplen? O como siempre o casi siempre afloran las excusas como una planta venenosa que ahoga a las demás que luchan por dar lo mejor de sí.

Cuando ustedes digan "sí",
que sea realmente sí;

Mis notas

Segunda parte de la historia de Elmer y lo que comentaron sus amigos:

-¿Qué creen de Elmer? ¿Le damos otra oportunidad? Nuestro compromiso lo llevamos adelante aún en aquellos días donde la lluvia nos invitaba a quedarnos en casa. ¿Qué hacemos con Elmer? ¿Lo metemos para que pueda competir en las olimpiadas?

- No, no lo invitemos, pues no ha venido a entrenar en estos simples entrenamientos, no creo que pueda estar listo para nada. Las excusas le ganan, siempre tiene alguna nueva, pero en verdad no tiene compromiso ni con el mismo, ni con nosotros, pienso que con nadie, no le interesa nada, podemos hablarle, pero con las olimpiadas…mejor… déjenlo en paz.

Aquí están los resultados: son duros, difíciles de asumir pero nadie quiere ser parte ni tener

Mis notas

de compañero a una persona sin compromiso. Termina afectando a todos. Tampoco quiere decir que lo mejor es aislar a personas con problemas, también ahí se verá nuestro compromiso en ayudar al que está caído.

Restaurar con Espíritu de mansedumbre. Gálatas 6:1

Pero a la hora de objetivos propios o compartidos debemos tener muy claro lo que es llevar adelante un compromiso. ¿Qué se forja en un día?, pienso que no. ¿Qué es fácil? A veces no. ¿Qué todos deben tener el mismo grado de compromiso? No. No es lo mismo el capitán que el marinero, pero ambos estarán comprometidos cuando la tormenta golpee con furia el barco.

¿Somos confiables? ¿Nuestra empresa es confiable? ¿Nuestros compromisos son reales? ¿Nuestros desafíos son confiables? ¿Nuestro negocio es confiable? Recuerda: El éxito financiero es conclusión de muchos principios, no permitas que el llamado compromiso esté ausente a la hora de ser evaluado.

Mis notas

____

____

____

____

____

____

Mis notas

Generosidad

La generosidad es un principio que está o pareciera estar en extinción. Se volvieron raros los corazones generosos. Es difícil hallarlos. ¿Por qué? (Tal vez la respuesta es demasiada simple, pero no por simple deberíamos ignorarla). Muy sencillo: porque todos están más a la espera de recibir que a dar. La humanidad se dispone mucho más fácilmente a que le den, que alguien estire sus manos y encuentre lo que anhela o necesita.

Más a la espera de recibir que a dar

Mis notas

Por favor no quiero que malinterpretes lo que estoy diciendo. Nunca me opondría dar ayuda al que verdaderamente lo reclama urgentemente, al necesitado, al angustiado. Nunca deberíamos privarnos de esta verdadera virtud que es la ayuda al prójimo.

Así mismo deberíamos definir mejor a esta pequeña-gran palabra. ¿Qué es dar? Solo 3 letras, que encierran un gran factor de poder. Claro, luego de otras dos letras que pueden significar cosas y acciones más grandes todavía: fe.

A estas dos hermosas palabras, que lo mejor es tratarlas de "emparentarlas" con la acción para así transformarlas decididamente en virtudes que salen de los corazones de hombres que las hacen "confraternizar". De ese modo las alcanzaríamos a ver que están enlazadas, pues quien normalmente da, es porque <u>sabe de dónde procede lo que da</u>, de esa fe inamovible y su falta de interés en apegarse a lo material como algo enfermizo. Efectivamente "su" dar viene de su fe en su Creador, quien sabe que de Él emana todo lo que está a la vista y también lo que no se ve.

No debemos desconocer que mentes y corazones alejados de Dios pueden dar por el solo hecho de esperar tras su acción algún tipo de recompensas: "se siente bien", le dan premios por su altruismo, lo reconocen como el filántropo más importante, etc etc. Pero haciendo, -a modo de ejemplo- estas salvedades. **El verdadero corazón de un dador no espera nada a cambio de lo que hace.**

El principio de la generosidad es tan fuerte que rompe esquemas mentales, físicos, espirituales.

Jesús estaba en el templo, y vio cómo algunos ricos ponían dinero en las cajas de las ofrendas. También vio a una viuda que echó dos monceditas de muy poco valor. Entonces Jesús dijo a sus discípulos:

—Les aseguro que esta viuda pobre dio más que todos los ricos. Porque todos ellos dieron de lo que les

Mis notas

____

____

____

____

____

____

____

Aquella viuda pobre, dio dos blancas, dio todo lo que tenía, todo su sustento. No había más, no tenía guardado en la cuenta bancaria lo que la ayudaría a vivir ni tampoco un pariente que la sostuviera o le enviara una remesa a fin de mes Simple o extraordinariamente: ¡¡Dio todo!!

¿Por qué lo dio todo? Siendo que ella necesitaba esas monedas, que eran lo único que tenía.

He allí el poderoso secreto escondido: si se aferraba a eso único y poco que tenía, ella estaba segura que no sobreviviría, pero la pobre mujer tenía confianza en ese alguien al que le estaba dando todo lo que tenía. Ella sabía algo que muchos ignoran en estos tiempos: que de Dios provienen no solo las bendiciones espirituales sino que también de su mano está la provisión de las cosas materiales que ella misma necesitaba.

Mis notas

____
____
____
____
____
____

Seguramente ella había pedido algo espiritual en su oración que había hecho antes de llegar al templo pero también había propuesto en su corazón dar todo lo que tenía. Para muchos eran solo dos moneditas, de escaso valor, pero no para ella. Era todo lo que tenía en su pobreza. No había más, pero eso no detuvo "su" dar. Su confianza quedaba expuesta, el dios del dinero, el dios mamón no la deslumbraba, ella seguía en su acción demostrando en que Dios depositaba su maltrecha economía.

Ella, al contrario de lo que muchos señalarían como lógico, decidió decir allí mismo quien era su ayudador. Su corazón y su fe hicieron que ella lo diera todo, aun siendo pobre. La pequeñísima riqueza material que poseía no la invalidó, todo lo contrario, decidió no confiar en ella, porque sabía y tenía muy claro que y quien era lo más importante para ella.

El apóstol Pablo señala algo que consideró muy importante recordarle a los habitantes de Filipos:

Vuestra gentileza sea

conocida de todos los hombres. El Señor está cerca.
Por nada estéis afanosos, sino sean conocidas vuestras peticiones delante de Dios en toda oración y ruego, con acción de gracias.
Y la paz de Dios, que sobrepasa todo entendimiento, guardará vuestros corazones y vuestros pensamientos en Cristo Jesús. Filipenses: 4.5-7

Es muy posible que la viuda pobre no conociese los textos anteriores, pero sin dudas dejó en claro de que se trata en cuanto a las formas de generosidad que se refieren.

La generosidad trasciende entre los hombres y llega hasta los cielos, por el contrario la mezquindad tiene un aplomo a la tierra, donde todo perece y quien se aferre a ella sufrirá sus desaciertos. La primera al tener que ver

La generosidad trasciende

Mis notas

con los cielos lleva metida en sus entrañas la eternidad de Dios, la segunda, no puede despegarse de la tierra, donde todo muere, donde el gusano terminará devorándola.

Ambas se disputan el corazón y la mente del hombre. La mezquindad es enemiga mortal de la generosidad. No pueden convivir. Creer que se puede ser un poco generoso y un poco mezquino es una grosera falacia teñida absolutamente de una gran hipocresía.

Hay un buen relato que cuenta que un día estaba Doña Generosidad muy gozosa haciendo sus entregas a los hombres de acuerdo a las capacidades que habían utilizado, recompensó muy bien, aún a aquellos que hicieron poco pero que ese poco había sido algo. De repente en esos momentos de tanta algarabía llegó Doña Mezquindad, se acomodó como pudo todo lo desalineada que estaba y muy molesta dijo:

-No se debe desperdiciar en estos seres mortales, valen menos que el polvo, no son dignos de nada... ¿Por qué les das a estos que han hecho tan poco?

A lo que Doña Generosidad respondió:

-La Gracia ha visto sus corazones y además esa gracia/gratitud que trabaja en ellos los ha hecho multiplicar en mucho a algunos y en poco a otros pero ninguno de ellos se quedaron sin hacer nada. Ha descendido la misericordia para ellos, no tienes tu arte ni parte sobre ellos Doña Mezquindad, tu encárgate de los tuyos, aquellos a quienes has atrapado y no dan siquiera un mísero pan a nadie, porque les has hecho creer que no dando a otros se harán más ricos, les cambiaste su manera de pensar. Creyeron ser libres de sus bolsillos pero lo hiciste esclavos de sus egoísmos.

El egocentrismo, la avaricia les llenó las entrañas.

Son miserables, groseros, engordados para sí, no ven ni piensan ni valoran al generoso. Es más, le has hecho creer que los generosos eran los torpes, pero…Mezquindad nada te detuvo, la forma de pensar de tus cautivos les ha hecho verse infames, degradados con la misma creación y ahora parecen monstruos que degeneraron los principios de su Creador.

Todavía tengo mucho que decirte, has sido cruel, no te han detenido ni los años ni los siglos, ponderaste al mezquino, al avaro, al que con corazón de sanguijuela no hizo otra cosa que despojar al semejante...¡¡Sal de aquí Mezquindad!! No tienes autoridad sobre los generosos, hay muchos de ellos, que como la viuda pobre no dudan en darse.

Mezquindad tendrás que andar por otro camino, Irás, seguro que irás a encarcelar a otros con tus propuestas, pero te advierto que donde la gracia y la misericordia avanzan, la Generosidad será elevada a lo máximo y los corazones definitivamente avanzarán en pos del amor y la ayuda al semejante.

En los negocios hay muchas oportunidades, o se es mezquino o se es generoso. El principio sigue vigente, la generosidad de tu empresa/negocio o emprendimiento será una virtud que jamás te descalificará a la hora del balance. El Cuadro de Resultados, reflejará muchos más que ganancias, mostrará lo que tienes guardado en tu corazón como principio de vida y entrega hacia tus semejantes.

Mis notas

Mis notas

8.

Contentamiento

¿Qué es el contentamiento? Posiblemente para comenzar a encontrar respuesta a este planteo deberíamos ver el siguiente texto bíblico:

Pero gran ganancia es la piedad acompañada de contentamiento;

1 Timoteo 6:6

En el capítulo anterior hablé del principio de la generosidad, podría decir que el contenta-

Mis notas

miento es el resultado del ser generoso. NO es una recompensa, es algo mucho mayor que eso. Es una virtud que proviene de más alto y tiene que ver fundamentalmente con el espíritu del generoso. Es estar satisfecho, pleno, sin pendientes.

El tener contentamiento sobrepasa cualquier estado de la persona, este principio es algo que debemos hacerlo consciente. Son los verdaderos puntos de referencia para vidas felices. En los tiempos que vivimos a veces se torna difícil el ser felices, pero el contentamiento del generoso no es utópico, es real y vale el esfuerzo en conseguirlo, vivirlo y valorarlo.

En el libro de Éxodo, capítulo 16, vemos un pueblo que ahora está en libertad. Pero venía de vivir bajo una gran opresión, una terrible y larga esclavitud de más de 430 años. En toda su magnitud eran libres, iban camino a la tierra de la promesa, donde ya no serían sojuzgados por faraón. La promesa de libertad era total solo que el desierto que había que atravesar presentaba ciertas dificultades. Guiados por Moisés

Mis notas

y su hermano Aarón se hacen presente el cansancio, la sed, el hambre. El pueblo no dudó en expresar sus rebeldías, proferir palabras de ofensa contra sus líderes no era algo lejano sino que se expresaron con toda crudeza por lo que estaban viviendo.

Habían olvidado los grandes milagros de Dios para su salida de Egipto: la protección ante las plagas, el mar que se abría para dejarlos pasar, nada parecía importar, ahora estaban molestos por no haber comida suficiente durante ese trayecto.

Comenzaron a murmurar y hasta llegaron a recordar que en Egipto, durante su esclavitud, ellos tenían ollas de carne a su disposición y ahora estaban "muriendo" de hambre y Dios habiendo escuchado a los líderes delegados les dio instrucciones que les enviaría pan del cielo.

"Y toda la congregación de los hijos de Israel murmuró contra Moisés y Aarón en el desierto;"
Éxodo 16:2

Mis notas

Todos, completamente todos se habían puesto de acuerdo para poder murmurar y quejarse contra El que los había dado un futuro de grandeza. Podemos leer que cada vez eran más virulentas sus quejas:

"y les decían los hijos de Israel: Ojalá hubiéramos muerto por mano de Jehová en la tierra de Egipto, cuando nos sentábamos a las ollas de carne, cuando comíamos pan hasta saciarnos; pues nos habéis sacado a este desierto para matar de hambre a toda esta multitud."

Éxodo 16:3

Mis notas

Tristemente siempre las palabras proferían mayores dolores, declararon que era mejor la muerte que la vida que Dios les proponía. Añoraban Egipto, las ollas de carne que rebasaban, nada detenía las murmuraciones de esos quejosos crónicos.

No tuvieron límites a la hora de juzgar a los líderes, los hacían responsables de las largas caminatas bajo el ardiente sol. No veían la propuesta, no percibían la vida nueva que ahora tenían después de haber escapado de la muerte misma. Ya formaba parte olvidada el pasado cuando vieron el cuidado de Dios sobre sus primogénitos. Nada detenía sus quejas, ni aún recordaban la sangre del cordero en los dinteles de sus casas que fue salvación para sus hijos. La historia había cambiado, drásticamente para Egipto los esclavos se fueron, se llevaron todo, ahora venía la mejor parte para Israel, y eso era dejarse guiar por Dios para ser llevados a la tierra prometida.

El haber sido librado de la muerte misma no les había hecho reflexionar y cambiar sus actitudes. Pero es indudable que Moisés y Aarón tenían una comprensión del nuevo tiempo que se estaba iniciando para el numeroso pueblo que lideraban.

Sigamos el relato bíblico:

"Y Jehová dijo a Moisés:

Mis notas

*He aquí yo os haré llover
pan del cielo; y el pueblo
saldrá, y recogerá
diariamente la porción
de un día, para que yo
lo pruebe si anda en
mi ley, o no."*

16:4 Éxodo

Dios a pesar de todo, les da lo que ellos piden y es un pan y carne diferente para que ellos borren de su mente aquel pan y aquella carne, ahora debían glorificar a Dios por este otro pan y carne y no recordar el pan y carne anterior.

Aun así vemos la escena casi completa y pensaríamos que ellos ahora estaban felices, pero no, no les había hecho estar contentos, algunos comenzaron a tomar más "mana" del que debían, pues debían contentarse con el diario:

*"Esto es lo que Jehová ha
mandado: Recoged de él
cada uno según lo que
pudiere comer; un gomer*

Mis notas

____

____

____

____

____

____

por cabeza, conforme al número de vuestras personas, tomaréis cada uno para los que están en su tienda."   *Éxodo 16:16*

Ese era el menú de Dios, esa era la cantidad indicada para cada día, pero…:

"Y los hijos de Israel lo hicieron así; y recogieron unos más, otros menos; y lo medían por gomer, y no sobró al que había recogido mucho, ni faltó al que había recogido poco; cada uno recogió conforme a lo que había de comer. Y les dijo Moisés: Ninguno deje nada de ello para mañana. **Mas ellos no obedecieron a Moisés,** *sino que algunos dejaron de ello para otro día, y crió gusanos, y hedió; y se enojó contra ellos Moisés."*
Éxodo 16:20

Mis notas

____

____

____

____

____

____

____

Vemos que no obedecían a lo que se les decía y comenzaron a guardar para el día siguiente y aquí había algo que ellos debían aprender y era esa dependencia total de Dios, para así gozar de su aprobación. ¿Qué ocurrió cuando guardaron para el día siguiente? La escritura señala que crecieron gusanos.

Una vez que dejamos de depender de Él. Todo deja de tener sentido, aún nuestros ahorros cualquiera que sea la cantidad, aun lo que creas que funcionará en tu empresa no podrá cumplir la función, la acción estará desvirtuada, te será pesada, fastidiosa porque se ha alejado del eje propuesto por Dios. El pívot de la relación ha cambiado, está fuera de la voluntad de tu Creador.

No es la dependencia de cabezas bajas, no es la sumisión violenta sino que es la dependencia fruto de la libertad de elección. Dependemos porque en Él nos hallamos completos. Es más que nuestro mejor socio a la hora de las decisiones es ver un nuevo amanecer, es vernos en el espejo de la esperanza, de una familia aferrada a principios duraderos,

Mis notas

sanos, es estar verdaderamente contentos por todo lo que Dios da y también por lo que no nos da. Y esa es verdadera sabiduría que llena de contentamiento, aún con los vientos contrarios o los desiertos que podamos atravesar.

Y aun cuando muchas cosas faltaren, deberíamos recordar las palabras del profeta:

Aunque la higuera no florezca, Ni en las vides haya frutos, Aunque falte el producto del olivo, Y los labrados no den mantenimiento, Y las ovejas sean quitadas de la majada, Y no haya vacas en los corrales; Con todo, yo me alegraré en Jehová, Y me gozaré en el Dios de mi salvación.

Habacuc 3:16-17

Así puede suceder en tus negocios.

Mis notas

Las ventas no son lo que esperabas o necesitabas para cumplir todos tus compromisos. Sucedieron situaciones en la ciudad o el país que no favorecen las ventas. Lluvias torrenciales hace que los posibles clientes nos salgan de sus hogares, un nuevo producto que incorporaste no da los resultados esperados, tal o cual proveedor no cumplió con los compromisos asumidos. Es necesario que el texto bíblico que anteceden a estas palabras los tengas en mente, siempre, si es necesario escríbelo con letras grandes, ponlo en tu oficina, en tu despacho o junto a los plátanos que no se venden lo suficiente rápido como esperas. Confía, aférrate a las promesas de Dios. Nunca sus hijos estarán desamparados. No lo estuvieron en el desierto bajo un sol abrazador, Dios les proveyó una nube que los protegía, tampoco en el frío de la noche los dejó sin el fuego que los calentara. Nunca Dios dejó su pueblo a la deriva. Tu eres parte de ese pueblo, que así lo refleje cada cosa que hagas, así lo muestre el hospital que conduces, el camión que va de un sitio a otro en tu país, así lo muestre la pulpería o la abarrotería que tienes, así

Mis notas

lo muestre la gran empresa o el gran banco que Dios te ha dado para que líderes. **Recuerda: no hay emprendimiento ni grande ni pequeño, lo hacen grandes o pequeños los hombres y mujeres que los conducen.**

¿Era Moisés un súper hombre?

¿Un universitario brillante?

Seguro que estaba preparado, pero sobre todas las cosas era un hombre sensible a la voz de Dios. Haz tú lo mismo y verás que el contentamiento no es ver como los depósitos bancarios crecen, o las estanterías se llenan de aceite y azúcar, el verdadero contentamiento en Dios va más allá de lo humano.

Puede no ser fácil de elaborar ni de asumir pero es pensar en el regalo más grande que hayamos recibido jamás: Jesús, ese cordero de Dios que descendió del Cielo, ese verdadero pan del cielo, ese maná que bajó del Cielo para alimentarnos, no solo en el día a día, sino eternamente y para siempre.

Viva contento como dijo el

Mis notas

____

____

____

____

____

____

____

apóstol Pablo a los Filipenses:

*No lo digo porque tenga
escasez, pues he
aprendido a contentarme,
cualquiera que sea mi
situación.
Sé vivir humildemente,
y sé tener abundancia;
en todo y por todo estoy
enseñado, así para estar
saciado como para tener
hambre, así para tener
abundancia como para
padecer necesidad.
Todo lo puedo en Cristo
que me fortalece.*

Filipenses 4:11-13

¿Los textos de arriba equivalen a resignación? ¿Es sentir que no hay mucho por hacer, y aparecer como contento con lo que me toca? ¿Es como sufrir algún tipo de condena invisible? ¡¡NO!!. Por cierto que no.

Permíteme señalar que vivir en la alegría del contentamiento que trae Dios es vivir más allá de

Mis notas

____

____

____

____

____

____

____

____

lo natural. Es vivir los emprendimientos de tu vida y tu corazón en la alegría de saber que estás haciendo lo correcto. Que Dios está al control y que está de acuerdo con lo que haces. En definitiva, **el Hacedor de tu vida puede ser el invitado de honor a todo lo que emprendas**, entonces ten por seguro que tus negocios son los éxitos prometidos por Dios a aquellos que le siguen.

Mis notas

____

____

____

____

____

____

____

Mis notas

9.

Gratitud

Gratitud es: un sentimiento, emoción o actitud de reconocimiento de un beneficio que se ha recibido o recibirá.

Me gusta el hecho que menciona que es una actitud de reconocimiento de un beneficio que se ha recibido o recibirá.

Además la citada definición pone muy claro el panorama que es algo que se recibe de alguien y debe estar agradecido o tener esa actitud de agradecimiento.

Mis notas

____

____

____

____

____

____

____

Es un principio que <u>evita la codicia</u> y su "pariente cercano": la avaricia.

Podemos definir también esta palabra porque va poniendo de relieve a los "actores" que quieren implacablemente impedir la que la gratitud brote de nuestros labios y de nuestros corazones.

La pleonexia (codicia): Ese deseo insaciable de querer tener o poseer lo que legalmente pertenece a otros.

Según el Diccionario de la Lengua española, avaricia es el "afán desordenado de poseer y adquirir riquezas para atesorarlas". En cambio, codicia es el "afán excesivo de riquezas."... Sin embargo, también el exceso está presente en la avaricia. Es más, se podría decir que el afán desordenado es, en sí mismo, un verdadero exceso.

Vemos que con este último principio de la gratitud, estaremos concatenándolo con el primer principio de este libro que es el orden u organización.

No podemos dejar de ver lo in-

Mis notas

____

____

____

____

____

____

____

teresante del origen de las palabras y lo que nos ocupa referente a la palabra gratitud, que proviene del latín gratitudo, Gratitudini

El sufijo tudo es la cualidad

La "gratitudo" es la cualidad del agradecido.

Gratitud: es el sentimiento que experimenta una persona al estimar un favor o beneficio que alguien le ha concedido.

Al sentir gratitud, el sujeto desea corresponder el mencionado favor de alguna manera.

La gratitud, es un verdadero principio básico escondido. Puede llamársele también el toque final de los principios pues aquí es donde vemos reflejado lo que hay albergado en nuestros corazones.

La gratitud puede ser apariencia, lo que se quiere mostrar hacia afuera, hacia los demás pero en muchas oportunidades solo es un interés mezquino que tiene que ver con la apariencia, el querer sobresalir o el querer alcanzar un rango que ocupan otros.

Pero la verdadera gratitud es la que aleja del egoísmo, de la avaricia y de la codicia.

La gratitud tiene que ver decidamente con mi relación con el otro. Cuando mi semejante, me sirve, me ayuda, me colabora, no puede pasar desapercibida esa actitud hacia mí. Si lo ha hecho muy bien, mejor, si tal vez vemos que no lo ha hecho todo lo bien que esperábamos también deberíamos ser agradecidos, porque ese modo de agradecimiento posiblemente sea la puerta que se abra, para que la próxima vez lo haga mejor, quien me está ayudando, sirviendo o atendiéndome.

Dad gracias en todo, porque esta es la voluntad de Dios para con vosotros en Cristo Jesús.
1 Tesalonicenses 5:18

Mis notas

¿Por qué un principio, como el agradecimiento que hasta parece casi inofensivo, puede repeler tanta maldad?

Porque la gratitud es algo que solo puede provenir de un corazón agradecido y transformado, alguien que en verdad valora eso que ha recibido.

Veamos un ejemplo :

Miguel, luego de muchos esfuerzos, se graduó con honores en la Universidad. Como un reconocimiento a su brillante carrera le fue dada la oportunidad de dar las palabras de despedida del último año.

"Buenas noches a todos nuestros invitados de honor:

Quiero expresar mi alegría en este día.

A Dios, en primer lugar, Él ha sido quien nos ha llevado en todo el tiempo que nos permite vivir, a la oportunidad de conocerle.

También quiero dejar constancia de todos los que hicieron sacrificios por nosotros: nuestros progenitores quienes lo han dado todo. Ahora, al vernos aquí, en este podio, necesito exaltar todos sus esfuerzos por mí. Pues reconozco que durante mi camino en busca del conocimiento, me extravié de ese amor verdadero que otros me habían expresado empezando, desde mis padres a otras personas. Por eso no quiero dejar de destacar que ellos, en gran medida, son los que han contribuido el que yo pueda estar aquí, ahora.

Solo puedo recordar que todas las piezas claves que Dios ha usado para que veamos reflejado todo ese caminar con ese acompañamiento y que cuando finalizamos y culminamos algo tan valioso, podemos cometer el gran error de pensar que hemos llegado solos y que solo nosotros somos los valiosos e importantes. Esa sería una mala actitud que solo puede provenir de un corazón sin gratitud y desagradecido.

Gracias a todos nuestros catedráticos que se entregaron en cuerpo y alma para darnos lo mejor a cada uno y ahora verán todas sus aportaciones relucir cuando estemos ejerciendo esta noble profesión.

En esos momentos tan especiales, Miguel tomó una actitud que sorprendió a toda la expectante audiencia: se puso de rodillas, abrió sus brazos y levantó

Mis notas

____

____

____

____

____

____

____

sus manos, bajando su cabeza dijo: ¡¡Gracias Señor Todopoderoso!!"

NO hicieron falta muchas más palabras, no eran necesarias, se hubieran tornado innecesarias para esa hora, lo cierto es que esas tres palabras parecieron haber quedado suspendidas en el aire. Todo quedó en silencio absoluto. Todo quedó en la gratitud que brotaba de un corazón que reconocía de dónde provenían las verdaderas conquistas.

La gratitud nos hace que mantengamos una correcta actitud ante la vida, nos evita ser groseros con otros, nos despierta ese anhelo para que también otros gocen de los beneficios que yo gozo, hace que hagamos cosas para que otros las disfruten también. Déjame advertirte que solo se hacen con el corazón.

El entregarse a otros en lo que hacemos es darnos a nosotros mismos. Dar nuestra calidez, nuestro amor, nuestro real sentir hace que no haya espacio para la hipocresía, para el egoísmo, la envidia, la avaricia, la vanidad, la codicia, las cuales son armas tan

Mis notas

ocultas del pecado que despeda-
zan a otros y a nosotros mismos
pero que son tan sutiles que nos
hacen pensar que no debemos
preocuparnos por esos detalles.

La gratitud reconoce, mira el
esfuerzo del otro, devuelve solo
lo bueno y no se queda con nada,
sino que comparte porque sale
de un corazón agradecido .

La gratitud es una virtud, que
al practicarse se convierte en un
principio básico para poder abrir
cualquier puerta cerrada, porque
como dice el texto bíblico:

*Ustedes serán
enriquecidos en todo
sentido para que en toda
ocasión puedan ser
generosos, y para que
por medio de nosotros la
generosidad de ustedes
resulte en acciones de
gracias a Dios.*

2 Corintios 9:11

Vemos aquí el ensamble de
la generosidad y la gratitud , las
cuales nos enseñan que no se

Mis notas

puede ser generoso ni agradecido sino conocemos al que da esas virtudes, y nos manda a que seamos fuente de bendición e inspiración de ese amor, el único amor verdadero que sobrepasa todo entendimiento.

Porque todas las cosas proceden de él, y existen por él y para él.
¡A él sea la gloria por siempre! Amén.
Romanos 11:36

No hay forma de esconder estos principios. Llegamos al final del libro. No puede ocultarse el agradecimiento en toda la magnitud de esa palabra. El éxito en lo que emprendas te llevará a situaciones y alturas que ni siquiera has sospechado, solo espero que siempre brote agradecimiento. Y que **¡¡Gracias!! Deje de ser solo una buena palabra sino que exprese el verdadero reconocimiento en el cual estás cimentando tu emprendimiento y tu vida completa.**

¡GRACIAS!

Mis notas

____

____

____

____

____

____

____

Mis notas